Historia de dos cuadros

Miguel Ángel Itriago Machado

Caracas, 2015

"Historia de dos cuadros"
Miguel Ángel Itriago Machado
mitriago@gmail.com
Todos los derechos reservados
ISBN-10: 1511600764
ISBN-13: 978-1511600767

A mis queridos cuñados Edmundo Martínez Rivero, Gladden Dávila de Martínez, John De Veer Alfonzo e Inés Margarita Martínez de De Veer, coprotagonistas de esta historia.

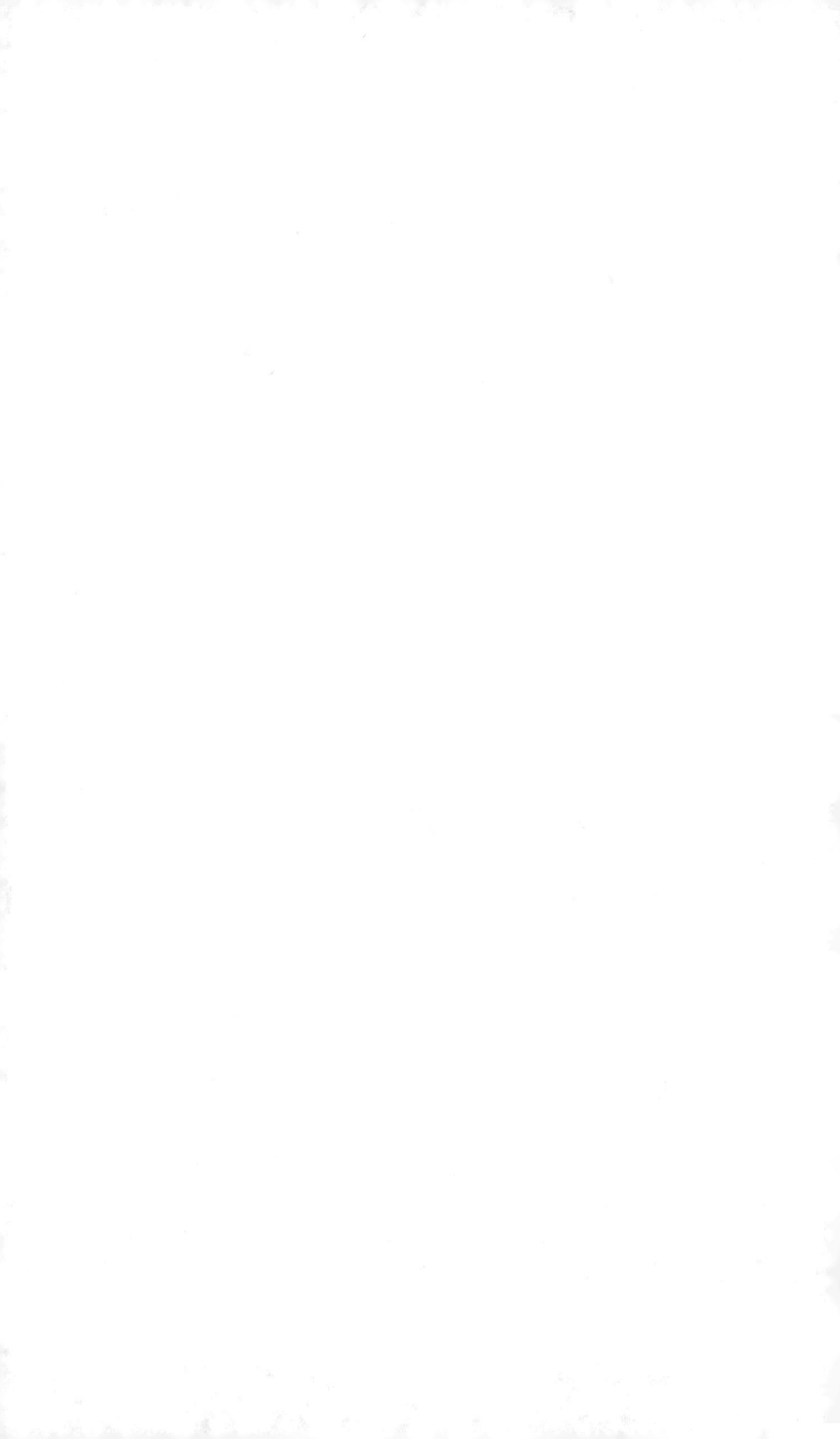

A la memoria de mi gran amigo don Juan de Guruceaga, pionero de las artes gráficas en Venezuela y de sus sobrinas María Cristina Larralde Guruceaga de Winckelmann y Alida Larralde Guruceaga.

Historia de dos cuadros

En 1961, cuando obtuve el título de bachiller, y como quería ser abogado, comencé a trabajar como pasante, al igual que antes lo había hecho mi primo Teodoro (y como después lo haría mi hermano Antonio), en el Escritorio del doctor Óscar de Guruceaga Iturriza, amigo de mi padre y de mi tío Hilario. Recuerdo que lo primero que hice, después de comprar café para todos en la oficina, fue llevar un documento confidencial a la casa de don Juan de Guruceaga, primo de Óscar (aunque muchos creían que era su padre o tío, porque don Juan era mucho mayor). Óscar me pidió que entregara el documento a don Juan en su quinta "La Chata", en la Avenida Las Acacias de la Urbanización La Florida. Me atendió su sobrina Alida Larralde Guruceaga, quien me advirtió que don Juan tardaría unos minutos, pero que si quería, podía entrar y esperarlo en la sala; lo que acepté, pues mi encargo era entregar el documento a don Juan en persona.

Cuando entré a la casa, y especialmente a la sala, quedé impresionado: decenas de hermosos cuadros, de diversos formatos, épocas y estilos, la mayoría de ellos de pintores de renombre, colgaban de todas las paredes, desde el techo y casi hasta el suelo. Entre otras obras, pude ver un enorme y bello cuadro colonial que representaba a la Virgen; esculturas de Narvaez; y cuadros de Reverón, Cabré, Marcos Castillo, Rafael Ramón González, Fabbiani y de otros muchos famosos pintores venezolanos. Esa casa era casi un museo, con piezas evidentemente seleccionadas por un conocedor del arte.

Aunque yo entonces era muy joven, siempre me había gustado la pintura, pues aparte de que mi padre era buen pintor, yo también había querido serlo y hasta había hecho un curso durante pocos meses en la "Escuela de Artes Plásticas y Aplicadas Cristóbal Rojas", que entonces funcionaba en la esquina El Cuño, cerca del Puente Guanábano en el centro de Caracas.

•

Entre tantas deslumbrantes obras de arte, una de ellas me llamó particularmente la atención, poco antes de entregarle el documento a don Juan: era un cuadro al óleo de regular tamaño, más bien pequeño, de formato vertical (o retrato), que representaba a una adolescente de espaldas, con un vestido de intenso color rojo, que con la cabeza sobre su mano izquierda, se apoyaba con desgano sobre una pared de extraordinaria luminosidad, que contrastaba con la sombra que proyectaba el arqueado cuerpo de la muchacha. Lo más impresionante de ese cuadro, era el tratamiento de la pared: jamás había visto yo una pared tan bien pintada, donde cada milímetro tenía la tonalidad adecuada de luz y de sombras. El cuadro reflejaba, con el dramatismo de un Cristóbal Rojas, el aburrimiento y la vergüenza de la muchacha, que estaba con la posición típica de una persona castigada.

Cuando llegó don Juan, tuve que apartar mi mirada de ese cuadro, para entregarle el documento; y aunque era la primera vez que veía a don Juan, no pude menos que felicitarlo por su excelente colección de arte. El rostro se le iluminó a don Juan y con su característica sencillez y cordialidad me hizo un breve recorrido por la sala enseñándome, con la pasión típica del coleccionista, sus más preciadas obras de arte.

•

En los años subsiguientes, mi trato con don Juan fue el normal de un empleado del Escritorio con sus clientes; pero poco a poco Óscar, que estaba muy ocupado con otras actividades, me fue delegando los asuntos de la Tipografía Vargas y de otras empresas de don Juan. En 1966 me gradué de abogado y me asocié a mis muy apreciados amigos Miguel Ángel Senior, Carlos Irazábal Arreaza y John Marshall Chase (posteriormente ingresaría a nuestro Escritorio, mi profesor, amigo y compadre, el doctor Gert Kummerow Aigster). Óscar me pidió que siguiera atendiendo los casos de la Familia Guruceaga, ya como abogado, y yo acepté con gusto la nueva encomienda, pues apreciaba a esa Familia y tenía los documentos e informaciones necesarios para atender los asuntos de cuya solución me encargaría.

En esa época, don Juan atravesaba una difícil situación, ya que sus competidores trataron de dejarlo en la ruina para apoderarse no solo de sus empresas, sino también de algunos bienes que eran de sus familiares.

A don Juan le preocupaba la posibilidad de perder la quinta "La Chata" y sus obras de arte. Le garanticé como abogado que eso jamás ocurriría; y me alegra haberle cumplido esa promesa.

Para ese entonces, me había hecho muy amigo de don Juan y de sus sobrinas, Alida y María Cristina; y ellos me apreciaron y trataron, como si fuera un familiar más; lo que para mí era y será siempre un alto honor.

En las navidades de 1969, y a pesar de que después de mi primera visita no le había hecho mención especial alguna a ese cuadro, don Juan, me lo regaló ya que recordó que me había llamado la atención cuando lo conocí. Supe entonces que el cuadro se llamaba "De espaldas a la vida" y que había sido pintado en 1936 por "José CaneloNES" (así escribía su apellido, para que no le dijeran "Canelón"); pintor al que yo no conocía. Ese cuadro siempre lo he conservado y mantenido en sitial de honor, primero en mi oficina, y luego, en mi hogar.

•

En 1976 mi padre me informó que había encontrado a Canelones en la calle, y que le había dicho que yo tenía el cuadro "De espaldas a la vida". Para mí fue una sorpresa que mi papá conociera a Canelones, ya que jamás lo había mencionado. Mi papá me lo describió gráficamente como "un viejito, chiquito, de pelo blanco, con la nariz roja, llena de venas, y que se rascaba continuamente la cabeza". Canelones le pidió mi dirección para ver el cuadro, pero mi padre no se atrevió a dársela sin hablar primero conmigo. Mi padre falleció a los pocos meses y pensé que la entrevista con Canelones sería imposible, ya que yo no tenía forma de localizarlo.

•

Muchos años después, conocí a quien hoy es no solo mi cuñado sino mi gran amigo y hermano, Edmundo Martínez Rivero. Lo veía frecuentemente, porque trabajaba en el Escritorio de mis también entrañables amigos Fernando Planchart Márquez y Miguel Pimentel Lara, en la misma Torre Lincoln de Sabana Grande. Ambos hablábamos con frecuencia sobre la pintura venezolana; y él me dijo que su madre, Inés Margarita ("Lola") Rivero de Martínez, comerciaba cuadros de Canelones. Le dije, quizás con cierta arrogancia, que el mejor Canelones lo tenía yo; y él me contestó, con igual tono, que estaba equivocado, que el mejor Canelones estaba en su casa.

Hasta entonces, ninguno de los dos había visto el cuadro del otro, pero había nacido una controversia que duraría más de un cuarto de siglo.

Edmundo me dijo que Canelones era "casi un tío" suyo; y que cuando quisiera podía llevarme a su residencia. Acepté encantado, y él concertó la entrevista con Canelones; pero antes, fui a su casa para ver el cuadro de Lola (y de paso, a su hija, Mónica, hoy, y desde hace más de 24 años, mi amada esposa).

•

El óleo de Lola era también una obra maestra; de tamaño mayor que el mío, casi el doble, pero de formato horizontal o apaisado. Representaba a una muchacha acostada, también de espaldas, sobre un colchón con sábanas cuya blancura contrastaba con el profundo verde esmeralda del resto del cuadro, y con el color carne de la modelo. El contraste del blanco con el sombrío fondo me hizo recordar nuevamente a Cristóbal Rojas. Al fondo, entre las sombras, se vislumbraban un aguamanil y una ventana de madera. Una falda corta apenas cubría los muslos de la joven y dejaba ver sus pies descalzos y gran parte de sus torneadas piernas. Las redondeces de la muchacha estaban resaltadas por las luces y por las sinuosas y multicolores rayas de la pequeña falda. La primera impresión no era la de una mujer pobre, sino de una especie de fastuosa odalisca oriental, pero al detallar el cuadro, uno se daba cuenta de que el lujo lo había incorporado la maestría del pintor con un extraordinario juego de luces y de líneas, porque el atuendo de la muchacha era sencillo (aunque no tanto como el de mi cuadro) y humilde el mobiliario del cuarto. Se notaba que la modelo era algo mayor que la del otro óleo, pues estaba más desarrollada y la envolvía un ligero aire de sensualidad y voluptuosidad del cual carecía mi "De espaldas a la vida".

•

Vistos los dos cuadros tanto por Edmundo como por mí, ambos reconocimos en ese momento que eran las mejores obras de Canelones. Se notaba en ellos algo del estilo del gran pintor Herrera Toro, quien fue maestro de Canelones. En los años siguientes a 1936, Canelones se había dedicado a pintar acuarelas y óleos de flores y bodegones. Nosotros tenemos varios, muy bellos, sí; pero ninguno de la altísima calidad pictórica que tenían y tienen esas dos obras maestras. Tanto Edmundo como yo, insistimos en que cada uno tenía el mejor Canelones; de modo que la polémica continuó.

•

Pocos días después Edmundo, Fernando, Miguel y yo fuimos a la casita de Canelones en Baruta y le llevamos el cuadro "De espaldas a la vida", el cual observó con emoción. Nos informó el pintor que ese cuadro había sido portada de la Revista "El Farol" (una revista muy famosa, que editaba la empresa *Creole Petroleum Corporation* y que había dejado de salir hacía muchos años); que aunque nunca fechaba sus cuadros, sabía que lo había pintado por allá en 1936 (el mismo año en que don Juan me dijo que se lo había comprado) y que recordaba esa fecha porque en la misma oportunidad había pintado ese y otro cuadro, para ayudar a unas hermanas muy pobres, a quienes había conocido cuando vivía en una pensión; tan pobres que él había pensado que esas muchachas habían nacido de espaldas a la vida. Hasta me regaló un soneto que un poeta escribió al cuadro, y que lamentablemente perdí. El cuadro que representaba a la hermana menor (que tenía por nombre Edita), era el mío. Cuando le preguntamos sobre el otro cuadro, el que representaba a la hermana mayor (cuyo nombre él no pudo recordar en esa entrevista), meditó unos segundos y luego exclamó con alegría:

¡El otro es el que tiene Lola colgado en su casa!.

Por una extraña coincidencia, y casi premonitoriamente, los dos "De espaldas a la vida" estaban, uno en la casa de la mamá de Edmundo; y otro, en la mía.

•

Me parece hermoso que el origen de ambos cuadros hubiese sido una obra de caridad. Siempre me pregunto qué habrá sido de Edita y de su hermana. Seguramente las siguió ayudando a sobrevivir el mismo Dios que tocó el corazón de Canelones, quien también era muy pobre, para que se compadeciera de ellas, y les diera lo que había recibido por esos cuadros.

•

Recientemente, con motivo del sensible fallecimiento de mi muy querida suegra (quien siempre, al igual que toda la familia Martínez, se comportó admirablemente conmigo y con todos los míos), sus hijos acordaron que a Mónica correspondía el cuadro que tenía Lola en su casa. De modo que ahora, después de setenta y cuatro años, los dos "De espaldas a la vida" están juntos, en nuestro apartamento, simbolizando la unión de las dos familias; aunque a nosotros, gracias a Dios, la vida no nos dio la espalda.

Esta historia fue escrita en Caracas, en el año 2010

Otros cuentos del mismo autor

"El postre de Dios"

"El misterio de la calle 14"

"La princesa"

"Amor guarimbero"

"El mejor economista"

"La serpiente de plata"

"7 cuentos fugaces"

"La cruz y el alcalde"

"El mejor padre"

Novela

"Amarte en Marte"